Wischmops und Schalange

Text: Meike Haas | Illustrationen: Ulrike König

Klipp, klapp! Die Tür fällt ins Schloss. Herr Mucks hat das Haus verlassen. Die Kinder sind schon in der Schule, Frau Mucks im Büro. Jetzt ist es still. Oder?
Da raschelt es in der Garderobe.
Im Fach über der Kleiderstange steht ein Korb mit Tüchern.
Ein grüner Schal schiebt sich heraus. Ein Schal?
Da blitzen ja zwei Augen hervor! Das ist ein Tier.
Das ist eine als Schal getarnte Schlange.
Genauer gesagt: die Schalange!

So ist das im Haus der Familie Mucks: Sobald die Menschen weg sind, wird die Schalange lebendig. Und nicht nur sie!
»Wischmopssss? Bissst du da?«, zischelt sie.
Jetzt klappert die Tür des Putzschranks im Flur, weiße Troddeln quellen hervor. Sieht aus wie das Ding, mit dem Herr Mucks sonst das Bad wischt.
Wie heißt es noch? Genau: Wischmopp. Es ist aber keiner!
Die Troddeln sind das Fell eines kleinen Hundes.
Im Schrank wohnt ein Mops, der sich als Wischmopp tarnt!

»Jupidau wauwau! Ja, ich bin da, und der Mucks ist weg, und wir können spielen!«, bellt Wischmops zur grünen Schalange hinauf.
»Verssssstecken?«, meint sie.

»Och nö!«, mosert er. »Macht zu zweit keinen Spaß.«
»Pfff«, die Schalange kriecht zu ihm hinunter.
»Nur weil ich immer gewinne.«
»Gar nicht …« Jetzt unterbricht sich Wischmops.

»Oh wuzdibau! Schalange! Ich muss dir was zeigen. Im anderen Zimmer!«
»Du warst im anderen Zimmer?«
»Ja, Herr Mucks hat mich rübergetragen. Dort gibt es einen Zauberkasten! Man kann in fremde Welten schauen.«
»Wirklich?« Schalange will sofort rüber.

Doch wie geht die Tür auf? Schalange richtet sich auf. Sie schafft es, den seidig schimmernden Kopf auf die Klinke zu legen und drückt. Unten stupst Wischmops mit seiner Troddel-Schnauze gegen das Türblatt. Schon liegt es vor ihnen: das Wohnzimmer.

Da steht ein großes Sofa, mit Ritzen zwischen den Polstern und ein Teppich mit Fransen. »Tolle Versssteckе!«, wispert Schalange. Egal, es geht um das Rechteck!« Wischmops springt zum Fernseher. Doch der ist dunkel.

»Wo ssssollen da andere Welten sssein?«
»Letztes Mal waren sie da. Ehrlich.«
»Pfff... nur weil du nicht Verssssstecken spielen willssst!«
»Will ich schon, aber nicht zu zweit. Du bist so ... so ...«
Während der Wischmops nach einem bösen Wort sucht, ertönt eine unbekannte Stimme:
»Nicht streiten! Miau!«
Eine zweite Stimme maunzt: »Nö miö, dazu gibt's keinen Grund.«

Wischmops und Schalange drehen ihre Köpfe. Vorm Sofa stehen zwei flauschige Hausschuhe.
Hausschuhe? Nein. Das sind als Puschen getarnte Katzen: Puschenkatzen! Katzenohren ragen aus dem Plüsch.
An der Schuhspitze erkennt man samtige Schnauzen.
Eine öffnet sich: »Ich bin Pan, und das ist Toffel.«
»Maunz miau. Wir wussten gar nicht, dass es im Haus noch mehr getarnte Tiere gibt.«

Wischmops und Schalange wussten es auch nicht.
Aber sie finden es großartig!
Erstens, weil es sowieso großartig ist, neue Freunde zu finden, zweitens, weil man zu viert viel besser Verstecken spielen kann und drittens, weil Pan und Toffel wissen, wie der Fernseher angeht.

Sie lassen das Streiten sein und gucken
und spielen dann wieder Verstecken bis
– Klipp, klapp – das Gartentor ins Schloss fällt.
Frau Mucks kommt zurück!
»Schnell!«, maunzt Toffel.

Pan macht den Fernseher aus, Wischmops und Schalange flitzen in die Garderobe, und als Frau Mucks das Haus betritt, sieht alles so aus, als gäbe es nirgends auf der Welt auch nur ein einziges getarntes Tier.

Meike Haas wurde 1970 geboren. Sie hat in einem Behindertenheim gearbeitet, Germanistik und Philosophie studiert, wurde Tageszeitungsredakteurin und arbeitete als Journalistin. Weil sie aber lieber Dinge erfindet, wechselte sie zur Kinderbuchautorin. Sie lebt mit ihrer Familie mitten in München. www.meike-haas.de

Ulrike König, 1976 geboren, studierte in Dresden Theatermalerei und Illustration in Hamburg. Heute lebt sie als freischaffende Illustratorin mit ihrer Familie in Flensburg und illustriert besonders gerne lustige Geschichten von Tieren. www.ulrikekoenig.de

von Ulf K.

DREI MAL EINS

Nacht!

Welche drei zusammengesetzten Wörter verbergen sich hier?
Die Auflösung findest du auf Seite 50.

Glühwürmchen

Text: Christian Bartel | Illustrationen: Annegret Ritter

Jaani glüht einfach nicht. Er hüpft auf und ab und schüttelt den Po, aber da glimmt nichts.
Dabei ist Jaani ein Glühwürmchen und hat Leuchtorgane im Hinterteil.
Sogar seine kleinen Geschwister blinken schon.
»Die reinste Disko«, freut sich Jaanis Vater.

»Du musst noch ein bisschen üben, mein Würmchen«, tröstet seine Mutter, aber Jaani will nicht üben. Er will in die Sommernacht abschwirren und mit den Sternen funkeln. Vor allem aber will Jaani kein Würmchen, sondern ein Glühwürmchen sein. »Mir ist es auch nicht sofort gelungen. Man braucht Geduld«, erzählt der Vater, aber das hört Jaani nicht mehr, weil er beleidigt fortgeflogen ist.

Jaani setzt sich in die Zweige des höchsten Baumes und schmollt. Da entdeckt er ein weißes Licht, das über dem Waldweg schwebt.
»Das muss ein dicker Leuchtkäfer sein«, ruft Jaani und flattert hin. »So hell möchte ich auch leuchten«, ruft er, aber das Licht antwortet nicht. Es brummt bloß. Jaani strengt sich an, um wenigstens ein Glimmen zu erzeugen.
Doch der große Brummer beachtet ihn gar nicht.

»Wenn du mir nicht helfen willst, dann sag das doch«, beschwert sich Jaani. Da bemerkt er, dass das Leuchtding gar nicht fliegt, sondern auf einem Stab steckt. Schnell schwirrt Jaani weiter.

Bei den Häusern am Waldrand entdeckt er ein Licht,
das warm und freundlich im Abendwind flackert.

»So warm und freundlich möchte ich auch flackern«,
ruft Jaani, aber auch dieses Wesen antwortet nicht.
Es knistert bloß. Wahrscheinlich hat es mich nicht gehört,
denkt Jaani und fliegt dem Licht entgegen,
bis er mit einem Schatten zusammenprallt.
»Wohl übergeschnappt«, schimpft der Schatten.
»Einfach in ’ne Kerze fliegen. Wo gibt’s denn so was?«
Als Jaani sich aufgerappelt hat, steht er auf einem Fensterbrett.
Eine Motte mit Augenklappe und ausgefransten Flügeln steht vor ihm.

»Ich bin Moe und hab’ dir gerade das Leben gerettet«, stellt sich das pelzige Wesen vor.
»Danke sehr. Ich bin Jaani und kann nicht leuchten«, antwortet Jaani.
»Kein Wunder. Für ein Glühwürmchen weißt du verdammt wenig über Licht«, findet die Motte, und Jaani nickt kleinlaut. Moe erklärt ihm, dass nicht nur Tiere und Pilze, sondern auch Menschen Licht erzeugen können. »Aha«, sagt Jaani und merkt sich das.

»Aber von Kerzen wie dieser muss man sich fernhalten«, schärft ihm die Motte ein. »Und Laternen strahlen so hell, dass man die ganze Welt vergisst. Trotzdem ist Licht das Schönste, was es auf der Welt gibt.« Moes Stimme hat einen schwärmerischen Klang angenommen, außerdem starrt sie gebannt in die Flamme. »Die wird doch nicht ...«, denkt Jaani, aber da hat Moe schon abgehoben.

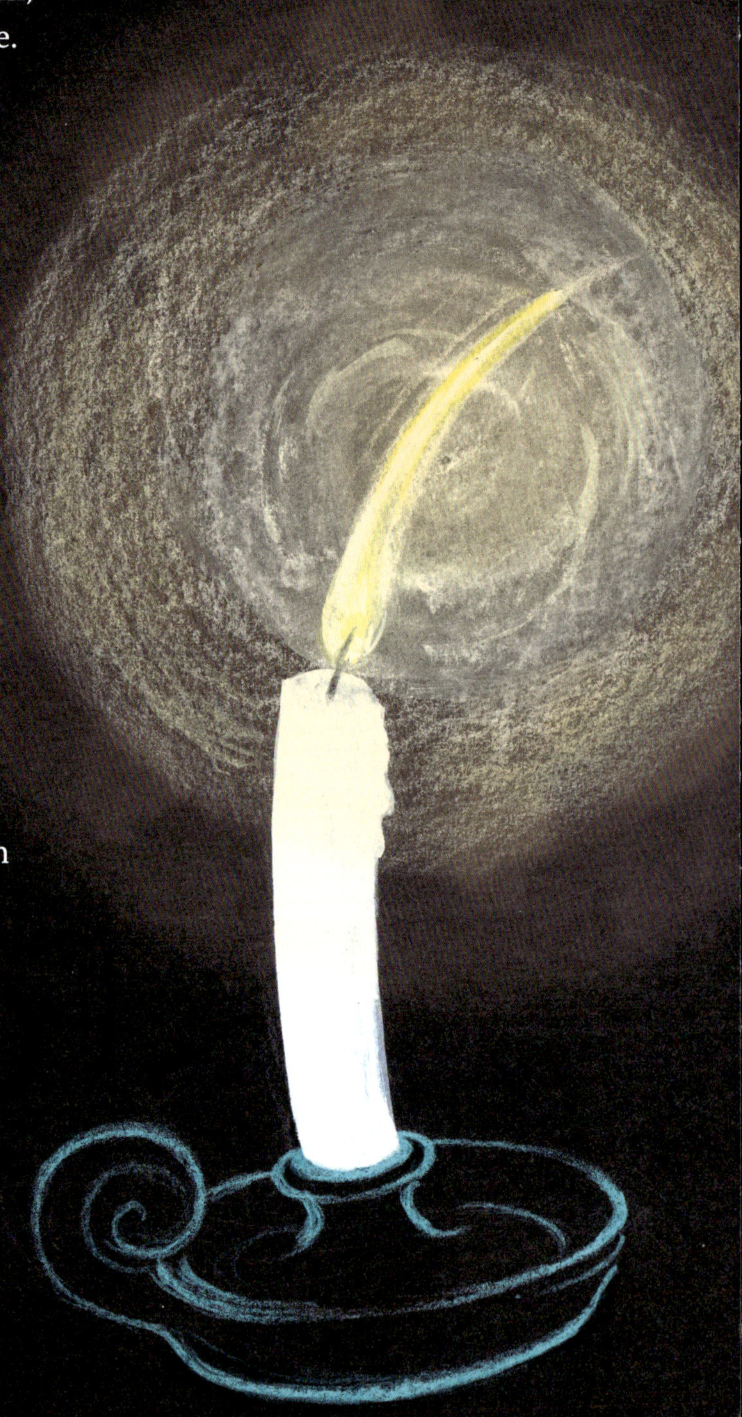

Jaani zögert keine Sekunde. Obwohl die Motte viel größer ist, gelingt es dem Glühwürmchen, sie von ihrem gefährlichen Kurs abzubringen. »Einfach so in 'ne Kerze fliegen. Wo gibt's denn so was?«, schimpft Jaani. Das hat er sich schließlich gemerkt. »Jau, war dumm von mir, aber wir Motten können uns schlecht beherrschen ...«, gibt Moe zu. »Das Licht ist einfach zu ...«, sagt die Motte und verstummt plötzlich.

»Du leuchtest!«, summt sie dann.
Da bemerkt Jaani es auch: Vor Aufregung
hat er angefangen, wie verrückt zu blinken.
»Wie überaus wundervoll«, wispert Moe.

Jaani glüht vor Stolz und spreizt die Flügel.
Endlich ist er kein Würmchen mehr.

Er zieht eine Leuchtspur
durch den Abendhimmel und
Moe brummt hinterher.

Beim großen Baum tanzen die blinkenden Geschwister mit Jaani und Moe. Auch Jaanis Eltern steigen auf. Zur Feier des Abends lassen sie ihre Lichter besonders festlich leuchten.

»Die reinste Disko«, summt die Motte glücklich und umkreist die Glühwürmchenfamilie, bis ihr schwindelig wird.

Christian Bartel kommt aus Bonn und schreibt Geschichten für Kinder und Erwachsene. Oft liest er seine Sachen auf Lesebühnen vor, manchmal wird auch ein Theaterstück daraus. Er lebt mal auf dieser, mal auf jener Seite des Flusses, aber immer ganz gern am Rhein.

Annegret Ritter hat zunächst Spielzeugdesign in Halle studiert und arbeitet seit vielen Jahren als Illustratorin. Sie zeichnet für Kinder und Erwachsene, und zwar am liebsten Tiere. Außerdem gibt sie Kunstkurse für Kinder. www.annegretritter.de

Licht aus, Augen auf

Text: Petra Postert | Illustrationen: Isabel Große Holtforth

Erik darf zum ersten Mal bei Anton übernachten. Das geht so: Im Garten schaukeln, bis es dunkel wird, dann Nudeln mit Ketchup, dann mit Ringo, dem Hund, noch mal raus. Dann eine Kissenschlacht, dann Schlafanzüge an und Zähneputzen, dann eine Gute-Nacht-Geschichte und noch eine, dann Licht aus, Licht an, Licht aus. Dann nochmal Licht an. Und wieder aus. Dann noch Chips und Gummibärchen unter der Bettdecke. Heimlich. Dann noch mal aufs Klo. Haben sie alles gemacht, ist alles erledigt. Der Abend verging wie im Flug. Und jetzt?

Chips

„Anton“, flüstert Erik. Anton rührt sich nicht. „Anton!“
Erik zupft Anton am Ohr. Aber Anton dreht sich nur zur anderen Seite. Erik atmet tief durch. Wie lang dauert so eine Nacht eigentlich? „Fühl dich bei uns wie zu Hause!“, hat Antons Mama heute Abend immer wieder gesagt.
Wieso denn das?, hat Erik jedes Mal gedacht. Ich bin gern mal woanders.

Eriks Füße sind kalt, seine Ohren glühen,
er spürt sein Herz klopfen und ein bisschen
schlecht ist ihm auch. Er ist nur zwei Straßen weg
von Zuhause. Nur zwei Straßen! Es kommt ihm sehr weit weg vor.
Wie Indien. Oder der Nordpol. Oder der Mond.
Ach, könnte er doch jetzt durch die Häuser hindurchschauen.
Dann könnte er Mama und Papa sehen, wie sie in ihren Betten liegen
und schlafen. Und Erik schaut und schaut, bis ihm die Augen brennen.
Und da geschieht es.

„Ohhhhhh, mein Haus!“, sagt Erik leise.
Was da los ist in der Nacht! Wieso dürfen die Drillinge denn noch wach sein?
Wieso hat Oma Kremser um diese Zeit noch Besuch?
Und Stefan, Uta und das Baby sehen aus, als müssten sie schleunigst ins Bett.

Da sind Mama und Papa! Die schlafen auch nicht. Erik hat gar nicht gewusst, dass Papa so schnell bügeln kann. Und Mama … Erik traut seinen Augen kaum. Mama räumt die Spülmaschine aus und löffelt nebenbei beste Schokocreme aus dem Glas. Erik darf das nie. Deshalb also ist das Glas immer so schnell leer!

Erik muss gähnen und reibt sich die Augen.
Er kann sie kaum noch offenhalten.
Als er wieder aus dem Fenster schaut,
ist alles wie immer. „Gute Nacht, Mama,
Gute Nacht, Papa“, murmelt Erik und
kriecht dann in sein Bett.

Am nächsten Mittag holt Mama Erik bei Anton ab.
„Schokocreme ohne Brot, das will ich auch, wenn wir Zuhause sind“, sagt Erik. „So, wie du das machst, Mama, wenn ich schlafe.“
Mama sieht ihn erst ganz merkwürdig an. Dann fängt sie an zu lachen, sagt: „Abgemacht!“, und gibt Erik einen Kuss.

Petra Postert, geboren 1970, war Autorin und Redakteurin beim SWR-Hörfunk, bevor sie anfing, für Kinder und Jugendliche zu schreiben. Ihre erste Geschichte erschien 2009 im GECKO, viele Bücher folgten. Einige waren für Literaturpreise nominiert und wurden in andere Sprachen übersetzt.
www.petrapostert.com

Isabel Große Holtforth lebt und arbeitet als freiberufliche Illustratorin und Grafikerin mit ihrer Familie bei München. Sie studierte an der Hochschule für Künste Bremen und an der Hochschule für Angewandte Künste in Prag. Sie illustriert Kinder- und Jugendliteratur sowie Belletristik, wofür sie bereits ausgezeichnet wurde.
www.isabelgrosseholtforth.de

Li-La-bor

Versuche für kluge Köpfe. Von der Stiftung Kinder forschen.

Kinder, wie die Zeit vergeht!

Schau her, wie Schatten wandern!
Möchtest du herausfinden, wie Schatten uns helfen können, die Zeit zu erkennen?
Entdecke mit deiner selbstgebauten Sonnenuhr, wie die Zeit vergeht!

Illustration: Isabel Große Holtforth

Lege diese Dinge bereit:

funktionierende Uhr
oder Wecker

langer Stock

Pappscheibe
oder Kugel für die
Stockspitze:
so erkennst du den
Schatten besser

Eimer mit Sand

Kreide und Schraubdeckel
für die Markierungen

Losforschen:

Befestige oben an deinem Stock eine Pappscheibe oder Kugel. Stecke an einer sonnigen Stelle morgens zur vollen Stunde den langen Stock senkrecht in den Eimer.

Markiere dann den Schatten der Pappscheibe auf dem Boden mit einem der Schraubdeckel. Du kannst den Schatten des Stocks mit Kreide nachzeichnen.

Schau auf deine Uhr und markiere zu jeder vollen Stunde den Schatten des Stocks. So entsteht nach und nach deine Sonnenuhr.

4

Fotos: Y. K.

Beobachte, in welche Richtung sich der Schatten bewegt und wie weit er von den anderen Markierungen entfernt ist.

TIPP:
Gestalte das Ziffernblatt deiner Sonnenuhr mit Steinen, bunten Schraubdeckeln, farbiger Kreide, oder wie es dir gefällt!

Was passiert da?

Schatten werden durch die Entfernung und Position der Sonne beeinflusst.
Die Sonne ist unsere natürliche Lichtquelle. Im Laufe des Tages wandert ihr Licht von Osten nach Westen. Wenn sie aufgeht, sind die Schatten lang, weil die Sonne tief steht. Zur Mittagszeit, wenn die Sonne am höchsten steht, sind die Schatten am kürzesten.

STIFTUNG KINDER FORSCHEN

Online-Spiele von der **Stiftung Kinder forschen** findest du auf www.meine-forscherwelt.de.
Für Eltern: Die gemeinnützige Stiftung Kinder forschen engagiert sich für gute frühe Bildung in den Bereichen Mathematik, Informatik, Naturwissenschaften und Technik (MINT) und nachhaltiges Handeln.
www.stiftung-kinder-forschen.de

Text und Illustration: Katja Mensing

HALIMA UND BEN und das Gartenfest

Halima und **Ben** sind beste Freunde. Heute haben Ben und seine Eltern zu einem Gartenfest eingeladen. Ben und Halima haben eine Tombola vorbereitet. Der Erlös soll für einen guten Zweck gespendet werden. Kannst du die beiden entdecken? Wer hat denn schon den **Strohhut** gewonnen?

TOMBOLA
1 LOS = 50 cent
LOS

Lesespaß schenken!

Mini = Maxi!

Das Gecko-Mini-Geschenk-Abo ist ein maxi-tolles Geschenk!
Für nur 22,50 € liefern wir für ein halbes Jahr alle zwei Monate die aktuelle Gecko-Ausgabe an die Adresse des beschenkten Kindes.
Das Mini-Geschenk-Abo endet automatisch!

Illu: SaBine Büchner

- **eine außergewöhnliche Geschenkidee mit 6 Monaten Lesespaß!**
- **das Mini-Geschenk-Abo endet automatisch!**
- **Geschenkkarte zum Download auf www.gecko-kinderzeitschrift.de**

Das Mini-Geschenk-Abo gibt es im Gecko-Onlineshop auf www.gecko-kinderzeitschrift.de oder über den Gecko-Leserservice:
Telefon: +49 (0) 89-85 85 35 32 E-Mail: abo@gecko-kinderzeitschrift.de

Text und Illustration: Bettina Bexte

Nur einer der drei Vorschläge ist richtig. Welcher?

Die Auflösung findest du auf Seite 50.

MACH MAL
t WIE tanzen

Das ABC der Tunwörter

von Ina Hattenhauer

Mach mit! Kennst du noch mehr Tunwörter, die mit t anfangen?

Ballett tanzen
EY!! Tanz' nicht auf meiner Nase herum!
wild tanzen
auf dem Tisch tanzen

Text und Illustration: Mascha Greune

Horst und Helga gibt es nur im Doppelpack. Sie sind beste Freunde! Auch wenn sie ständig aneinander vorbeireden. Denn auch Worte gibt es oft im Doppelpack: ein Wort, zwei Bedeutungen. **Welches Wort ist es diesmal?**

Text: Mustafa Haikal | Illustration: Pauline Cremer

Mein Schatten

Was treibt mein Schatten in der Nacht?
Liegt er unterm Bett und wacht?
Lungert er still vor sich hin,
Mal ganz dick und mal ganz dünn?
Schwebt er gar durchs Treppenhaus,
Übers Dach und weit hinaus?
Eine bleiche Spukgestalt,
Die lässig mit den Türen knallt?
Sagt er da und dort: Hallo!?
Tanzt er heimlich durch den Zoo?
Sitzt er kichernd in den Ecken?
Will er einen Schatz verstecken?
Oder spielt er nachts um vier
Irgendwo noch wild Klavier?

Wach ich auf, ist er ganz stumm,
Doch nachts, da treibt er sich herum.

Gecko kommt gern zu dir nach Haus!

Gecko lesen macht im Abo am meisten Spaß. Alle 2 Monate landet die neueste Ausgabe in deinem Briefkasten. Einfach die Postkarte ausfüllen, ausschneiden, abschicken und sich drauf freuen!

Gecko abonnieren

○ **Ja, ich bestelle ein Gecko-Jahresabonnement** zum Preis von € 45,00 für 6 Ausgaben pro Jahr. Den Bezug kann ich jederzeit beenden.

○ **Ja, ich möchte ein 3-Hefte-Schnupperabo** für insgesamt € 22,50. Bestelle ich Gecko zwei Wochen nach Erhalt des dritten Heftes nicht ab, beziehe ich Gecko weiter zum Abo-Preis von € 45,00 für 6 Ausgaben pro Jahr. Den Bezug kann ich jederzeit beenden.

○ **Ja, ich möchte ein Gecko-Abonnement verschenken.** Der oder die Beschenkte erhält Gecko 6x zum Abo-Preis von € 45,00. Nach sechs Ausgaben endet der Bezug des Geschenkabos automatisch. Bitte vermerken Sie die Lieferadresse auf der Rückseite dieser Karte.

○ **Ja, ich möchte ein Mini-Geschenkabo.** Der oder die Beschenkte erhält Gecko 3x zum Abo-Preis von € 22,50. Nach drei Ausgaben endet der Bezug des Geschenkabos automatisch. Bitte vermerken Sie die Lieferadresse auf der Rückseite dieser Karte.

Alle Preise beinhalten MwSt. und Versand.

Sie möchten Gecko ins Ausland bestellen oder haben Fragen? Den Gecko-Leserservice erreichen Sie unter:
Telefon +49 (0) 89-85 85 35 32
E-Mail: abo@gecko-kinderzeitschrift.de

○ **Ich zahle gegen Rechnung (bitte Rechnung abwarten)**

○ **Ich zahle bequem per SEPA-Lastschrift:** Rathje & Elbel GbR, München, Gläubiger-Identifikationsnummer: DE59ZZZ00001113146
SEPA-Lastschriftmandat: Ich ermächtige Rathje & Elbel GbR, Zahlungen von meinem Konto mittels Lastschrift einzuziehen. Zugleich weise ich mein Kreditinstitut an, die von Rathje & Elbel GbR auf mein Konto gezogenen Lastschriften einzulösen. Hinweis: Ich kann innerhalb von acht Wochen, beginnend mit dem Belastungsdatum, die Erstattung des belasteten Betrages verlangen. Es gelten dabei die mit meinem Kreditinstitut vereinbarten Bedingungen.

Kontoinhaber

IBAN

Name des Kreditinstituts / BIC

Ort, Datum, Unterschrift

Diese Bestellung kann ich innerhalb von 10 Tagen schriftlich (per Post oder E-Mail) widerrufen. Zur Fristeinhaltung genügt die Absendung des Widerrufs innerhalb der 10 Tage (Poststempel bzw E-Mail-Versand). Diese Angebote gelten nur in Deutschland und Österreich. Weitere Auslandspreise erhalten Sie auf Anfrage bei unserem Leserservice: Telefon +49 (0)89-85 85 35 32,
E-Mail: abo@gecko-kinderzeitschrift.de Rathje & Elbel GbR, Camerloherstraße 40, 80686 München.
Unsere Datenschutzerklärung finden Sie unter www.gecko-kinderzeitschrift.de/datenschutz/

Ich habe Gecko kennengelernt über:

○ Buchhandlung ○ Presse ○ Internet ○ ______
○ Arztpraxis ○ Freunde ○ Kindergarten ○ Bibliothek

Gecko weiterempfehlen

✗ Der neue Abonnent

○ **Ja, ich bestelle ein Gecko-Jahresabonnement** zum Preis von € 45,00 für 6 Ausgaben pro Jahr. Den Bezug kann ich nach Erhalt der sechsten Ausgabe jederzeit beenden.

○ **Ja, ich verschenke ein Gecko-Abonnement** zum Preis von € 45,00. Nach sechs Ausgaben endet der Bezug des Geschenk-Abonnements automatisch.

Name, Vorname des Kindes — Geburtsdatum

Name, Vorname des Bestellers

Straße, Hausnummer

PLZ, Ort — Land

E-Mail-Adresse — Telefon

✗ Empfänger:in des Posters

○ **Ich habe einen neuen Gecko-Abonnenten geworben** und erhalte das ABC-Poster.

Name, Vorname der werbenden Person

Straße, Hausnummer

PLZ, Ort

Telefon — E-Mail-Adresse

Versandadresse bei Geschenkabos:

Name, Vorname des Beschenkten — Geburtsdatum

Straße, Hausnummer

PLZ, Ort — Land

Das Abo beginnt mit der jeweils aktuellen Ausgabe. Der neue Abonnent und der Empfänger des Posters dürfen nicht identisch sein. Die Zusendung des Posters erfolgt nach Eingang der Zahlung des neuen Abonnenten. Sie müssen nicht selbst Abonnent sein, um einen neuen Abonnenten zu empfehlen. Dieses Angebot gilt nur, solange der Vorrat reicht.
Auslandsangebote auf Anfrage.

Ist die Postkarte schon weg?

Macht nichts, denn das Gecko-Jahresabo, das Geschenkabo, das Schnupperabo und das Prämienabo bekommst du auch im Gecko-Onlineshop (www.gecko-kinderzeitschrift.de) und beim Gecko-Leserservice: Telefon +49 (0) 89-85 85 35 32, Telefax +49 (0) 89-85 85 36 25 32, E-Mail: abo@gecko-kinderzeitschrift.de

Bitte ausfüllen:

Name, Vorname des Kindes ____________ Geburtsdatum ____

Name, Vorname der Besteller:in ____________

Straße, Hausnummer ____________

PLZ, Ort ____________ Land ____

E-Mail-Adresse ____________ Telefon ____

Versandadresse bei Geschenkabos:

Name, Vorname des Beschenkten Kindes ____________ Geburtsdatum ____

Straße, Hausnummer ____________

PLZ, Ort ____________ Land ____

Bitte ausreichend frankieren

Antwort

Cover Service GmbH & Co. KG
Aboservice Gecko Kinderzeitschrift
Bajuwarenring 14
82041 Oberhaching

Bitte ausfüllen (neuer Abonnent):

○ **Ich zahle gegen Rechnung (bitte Rechnung abwarten)**

○ **Ich zahle bequem per SEPA-Lastschrift:** Rathje & Elbel GbR, München, Gläubiger-Identifikationsnummer: DE59ZZZ00001113146.
SEPA-Lastschriftmandat: Ich ermächtige Rathje & Elbel GbR, Zahlungen von meinem Konto mittels Lastschrift einzuziehen. Zugleich weise ich mein Kreditinstitut an, die von Rathje & Elbel GbR auf mein Konto gezogenen Lastschriften einzulösen. Hinweis: Ich kann innerhalb von acht Wochen, beginnend mit dem Belastungsdatum, die Erstattung des belasteten Betrages verlangen. Es gelten dabei die mit meinem Kreditinstitut vereinbarten Bedingungen.

Kontoinhaber ____________

IBAN ____________

Name des Kreditinstituts / BIC ____________

Ort, Datum, Unterschrift ____________

Diese Bestellung kann ich innerhalb von 10 Tagen schriftlich (per Post oder E-Mail) widerrufen. Zur Fristeinhaltung genügt die Absendung des Widerrufs innerhalb der 10 Tage (Poststempel bzw. E-Mail-Versand). Diese Angebote gelten nur in Deutschland und Österreich. Weitere Auslandspreise erhalten Sie auf Anfrage bei unserem Leserservice, Telefon +49 (0)89-85 85 35 32, E-Mail: abo@gecko-kinderzeitschrift.de Rathje & Elbel GbR, Camerloherstraße 40, 80686 München.
Unsere Datenschutzerklärung finden Sie unter www.gecko-kinderzeitschrift.de/datenschutz/

Bitte ausreichend frankieren

Antwort

Cover Service GmbH & Co. KG
Aboservice Gecko Kinderzeitschrift
Bajuwarenring 14
82041 Oberhaching

Auflösung von Seite 14: Nachtwächter; Nachtwanderung; Nachteule.

Der kleine Gecko versteckt sich auf Seite 47.

Auflösung von Seite 43: Kaleidoskop: Rohr, durch das man bunte Muster sieht; Pyjama: Das zieht man zum Schlafen an; Terrier: Hunderasse Kobra: Schlangenart; Vampir: Der trinkt gerne Blut.